PROPHÉTIES.

LA
RÉVOLUTION DE 1830

PEINTE. CARACTÉRISÉE ET JUGÉE

PAR L'APOCALYPSE.

APPEL

AUX ÉCRIVAINS POLITIQUES,

POUR LES INVITER A CONCOURIR A L'OEUVRE

DE LA RÉCONCILIATION SOCIALE.

PARIS,
DELAUNAY, LIBRAIRE,
AU PALAIS-ROYAL.

1841.

PEINTURE SYMBOLIQUE

DE LA

RÉVOLUTION DE 1830.

(APOCALYPSE, CHAP. IX.)

« 1. Le cinquième ange sonna de la trompette, et je vis une
« étoile qui était tombée du ciel sur la terre ; et il lui fut donné
« une clef du puits de l'abîme.

« 2. Elle ouvrit le puits de l'abîme, et il s'éleva du puits une
« fumée semblable à celle d'une grande fournaise, et le soleil et
« l'atmosphère furent obscurcis par la fumée du puits.

« 3. Et de la fumée de ce puits, il sortit des sauterelles qui se
« répandirent sur la terre ; et il leur fut donné un pouvoir sem-
« blable à celui qu'ont les scorpions de la terre.

« 4. Et il leur fut dit de ne point faire de tort au foin de la
« terre, ni à rien de ce qui était vert, ni à aucun arbre, mais
« seulement aux hommes qui n'auraient pas la marque de Dieu
« sur leur front.

« 5. Et il leur fut donné de ne point les tuer, mais seulement
« de les tourmenter durant cinq mois ; et les tourments qu'elles
« causèrent étaient semblables à ceux que cause le scorpion quand
« il pique l'homme.

« 6. En ce temps-là les hommes chercheront la mort, et ils ne
« la trouveront pas, et ils désireront mourir, et la mort s'enfuira
« d'eux.

« 7. Ces espèces de sauterelles étaient semblables à des chevaux
« préparés pour le combat. Elles avaient sur leurs têtes comme

« des couronnes qui paraissaient d'or ; leurs visages semblaient
« être des visages d'hommes.

« 8. Elles avaient des cheveux comme des cheveux de femmes,
« et leurs dents étaient comme des dents de lions.

« 9. Elles avaient des cuirasses comme de fer ; et le bruit de
« leurs ailes était comme un bruit de chariots à beaucoup de che-
« vaux qui courent au combat.

« 10. Elles avaient des queues semblables à celles des scor-
« pions ; et il y avait des aiguillons dans leurs queues. Elles
« avaient pouvoir de nuire aux hommes durant cinq mois.

« 11. Et elles avaient au-dessus d'elles pour roi l'ange de l'a-
« bîme, appelé en hébreu abaddon, en grec apollyon, et en latin
« exterminateur.

« 12. Le premier malheur est passé, et en voici encore deux
« autres qui vont suivre.

« 13. Et le sixième ange sonna de la trompette, et j'entendis
« une voix qui sortait des quatre cornes de l'autel d'or qui est en
« vue de Dieu,

« 14. Disant au sixième ange qui avait la trompette : Déliez les
« quatre anges qui sont liés sur le grand fleuve de l'Euphrate.

« 15. Aussitôt on délia ces quatre anges qui étaient prêts,
« l'heure, le jour, le mois et l'année, pour aller tuer la troisième
« partie des hommes.

« 16. Et le nombre de cette armée de cavalerie était de deux
« cents millions ; car j'en ouïs dire le nombre.

« 17. Et c'est ainsi que je vis les chevaux dans la vision. Et
« ceux qui étaient montés dessus avaient des cuirasses de feu,
« d'hyacinthe et de soufre. Et les têtes des chevaux étaient comme
« des têtes de lions ; et il sortait de leur bouche du feu, de la fu-
« mée et du soufre.

« 18. Et par ces trois plaies, par le feu, par la fumée et par le
« soufre, qui sortaient de leur bouche, fut tuée la troisième par-
« tie des hommes.

« 19. Car la puissance des chevaux est dans leur bouche et
« dans leurs queues. Leurs queues sont semblables à des ser-
« pents ; elles ont des têtes, et avec celles-ci elles nuisent.

« **20.** Et les autres hommes qui ne furent point tués par ces
« plaies, ne se repentirent point des œuvres de leurs mains pour
« cesser d'adorer les démons et les idoles d'or, d'argent, d'ai-
« rain, de pierre et de bois, et qui ne peuvent ni voir, ni entendre,
« ni marcher.

21. Et ils ne firent point pénitence ni de leurs meurtres, ni
« de leurs empoisonnements, ni de leurs impudicités, ni de leurs
« voleries. »

INTERPRÉTATION.

1. *Le cinquième ange sonna de la trompette* : Il s'ouvrit une
cinquième époque. — Cette époque fut celle qui s'ouvrit lors de
l'adresse des **221** députés, au mois de mars **1830**, ainsi que cela
devient manifeste par la peinture que font les versets suivants
des effets et des conséquences de cette adresse.

Et je vis une étoile qui était tombée du ciel sur la terre. —
Cette étoile est ici le symbole d'une idée éclatante ; le ciel est le
symbole des régions de l'intelligence ; la terre est le symbole de
la région des faits. Une étoile était tombée du ciel sur la terre,
c'est-à-dire une idée éclatante était descendue des régions de l'intelligence dans la région des faits, ou était passée de la théorie à
la pratique. — Cette idée, ce fut celle qu'avaient eue les **221** députés de se coaliser contre le roi Charles X et contre son gouvernement. Ils firent passer cette idée dans les faits, par le fait même
de la coalition réalisée.

Et il lui fut donné une clef du puits de l'abîme. — L'abîme
signifie la révolution, le puits en signifie les sources profondes.
A cette idée de se coaliser fut donnée une clef du puits de l'abîme,
c'est-à-dire le pouvoir d'ouvrir les sources profondes de la révolution.

2. *Elle ouvrit le puits de l'abîme* : Elle ouvrit les sources de
la révolution. — Cela arriva par le fait de la signature de l'a-
dresse.

*Et il s'éleva du puits une fumée semblable à celle d'une grande
fournaise.* — Cette fumée, ce fut l'ombrage que répandit l'a-

dresse dans le monde politique, lorsqu'elle fut présentée au gouvernement.

Et le soleil et l'atmosphère furent obscurcis par la fumée du puits. — Le soleil est ici le symbole de la royauté, l'atmosphère celui du gouvernement. La royauté et le gouvernement furent obscurcis par les effets de l'adresse.

3. *Et de cette fumée du puits, il sortit des sauterelles qui se répandirent sur la terre.* — Ces sauterelles, ce sont les journaux et les écrits révolutionnaires qui développèrent les conséquences de l'adresse.

Et il leur fut donné un pouvoir semblable à celui qu'ont les scorpions : Aux journaux fut donné le pouvoir de piquer les hommes comme font les scorpions.

4. *Et il leur fut dit de ne point faire de tort au foin de la terre, ni à rien de ce qui était vert, ni à aucun arbre, mais seulement aux hommes qui n'auraient point la marque de Dieu sur leur front.* — Le foin de la terre signifie les hommes intègres de la résistance, lesquels sont stables comme la terre, mûrs et bons à conserver comme le foin ; le vert signifie les hommes intègres du mouvement, lesquels végètent et progressent comme l'herbe verte ; les arbres signifient les chefs intègres de la société, lesquels sont, à l'égard des hommes de la résistance et des hommes du mouvement, dans les mêmes rapports que les arbres à l'égard du foin et de l'herbe, c'est-à-dire élevés au-dessus des uns et des autres, à la fois mûrs et en végétation, stables et en progrès. Porter la marque de Dieu au front, c'est professer des opinions raisonnables et justes. — Il fut dit aux sauterelles de ne point faire de tort au foin de la terre, c'est-à-dire, il fut dit aux journaux de ne point faire de tort aux hommes intègres de la résistance, — ni à rien de ce qui était vert, c'est-à-dire ni aux hommes intègres du mouvement, — ni à aucun arbre, c'est-à-dire ni à aucun chef intègre de la société ; — mais seulement aux hommes qui n'auraient pas la marque de Dieu sur leur front, c'est-à-dire seulement aux hommes qui ne professeraient point des opinions justes et raisonnables, comme en professent les trois classes d'hommes désignées.

5. *Et il leur fut donné de ne point les tuer, mais seulement de les tourmenter durant cinq mois.* — Ces cinq mois furent les mois de mars, avril, mai, juin, juillet.

Et les tourments qu'elles causèrent étaient semblables à ceux que cause le scorpion quand il pique l'homme. — La piqûre du scorpion est venimeuse : ainsi le furent les piqûres des journaux de cette époque.

6. *En ce temps-là, les hommes chercheront la mort et ils ne la trouveront pas, et ils désireront mourir et la mort s'enfuira d'eux.* — Il s'agit ici de ce genre de mort qui tue l'intelligence et la vie publique, tels que sont la censure et les coups d'état. Dans ce temps-là, pendant ces cinq mois, les hommes qui étaient tourmentés par les journaux désiraient et réclamaient vivement des mesures de ce genre, mais ils ne les obtinrent pas ; elles furent toujours écartées ou ajournées : c'est-à-dire, les hommes cherchèrent la mort, et ils ne la trouvèrent pas, ils la souhaitèrent, et elle s'éloigna toujours davantage. — Cela peut encore signifier que, dans ce temps-là, il y avait des hommes qui étaient tellement tourmentés par des angoisses que, pour en être délivrés, ils souhaitaient la mort, mais en vain.

7. *Ces espèces de sauterelles étaient semblables à des chevaux préparés pour le combat.* — Les journaux de ce temps étaient comme des chevaux prêts à entrer en campagne, à livrer une bataille, à faire éclater une révolution.

Elles avaient sur leurs têtes comme des couronnes qui paraissaient d'or : Ils mettaient en avant des théories qui paraissaient excellentes et pures comme de l'or.

Leurs visages semblaient être des visages d'hommes : Leurs vues semblaient être des vues raisonnables comme le sont ou devraient l'être les hommes.

8. *Elles avaient des cheveux comme des cheveux de femmes :* — Les cheveux signifient ici les idées, lesquelles sortent de l'intelligence comme les cheveux sortent de la tête. Les cheveux des femmes, touffus et longs, sont le symbole des idées et des conséquences que développaient alors les journaux.

Leurs dents étaient comme des dents de lions : Les paroles des journaux étaient fortes, écrasantes, etc., comme des dents de lions.

9. *Elles avaient des cuirasses comme de fer; et le bruit de leurs ailes était comme un bruit de chariots à beaucoup de chevaux qui courent au combat.* — Les cuirasses sont le symbole des armes défensives des journaux, — les ailes, celui des idées de liberté et d'ordre avec lesquelles ils agitaient l'air, — les chariots, celui de leurs plans de campagne, — les chevaux, celui de la rapidité avec laquelle ils s'avançaient pour exécuter leurs plans, pour arriver à une bataille décisive, qui fut celle des journées de juillet.

10. *Elles avaient des queues semblables à celles des scorpions; et il y avait des aiguillons dans leurs queues.* — Les queues de scorpions, c'étaient les conséquences dangereuses qui se déduisaient des idées émises par les journaux; les aiguillons, c'étaient les paroles piquantes qui faisaient ressortir ces conséquences.

11. *Et elles avaient au-dessus d'elles pour roi l'ange de l'abîme, appelé en hébreu abaddon, en grec apollyon, et en latin exterminateur.* — C'est-à-dire les journaux avaient au-dessus d'eux quelque chose qui les dominait, à quoi ils rapportaient, ils subordonnaient tout comme à un roi, à savoir, un événement capital, résumé de tous les autres, celui des journées de juillet, personnifié sous le nom d'ange ou d'envoyé de l'abîme, et appelé, pour des raisons qu'on peut voir plus bas, exterminant ou exterminateur.

12. *Le premier malheur est passé, et en voici encore deux autres qui vont suivre.* — Cela veut dire : De même que le premier malheur, qui avait été annoncé, s'est présenté, ainsi les deux autres, qui ont été annoncés, se présenteront également; ou bien : Vous avez souffert d'un premier malheur; vous aurez encore à souffrir de deux autres.

13. *Et le sixième ange sonna de la trompette :* Il s'ouvrit une sixième époque. — Ce fut celle qui suivit les événements de juillet.

Et j'entendis une voix qui sortit des quatre cornes de l'autel d'or, qui est en vue de Dieu. — Cet autel d'or, c'est le bonheur de la société que Dieu a toujours en vue. Les quatre cornes de cet autel désignent l'intérêt privé et l'intérêt public, — l'esprit de parti, ou de corps, et l'esprit national. De ces quatre cornes partait une voix unanime,

14. *Disant au sixième ange qui avait la trompette*, c'est-à-dire qui ouvrait la sixième époque :

Déliez les quatre anges qui sont liés sur le grand fleuve de l'Euphrate. — Le mot Euphrate est dérivé de deux mots grecs qui signifient bien parler, bien dire. Le grand fleuve de l'Euphrate, c'est la presse. Les quatre anges, liés sur ce fleuve, ce sont quatre esprits différents : le mouvement et la résistance, esprits du bien ; — la licence et la violence, esprits du mal. Ils se trouvaient enchaînés par les ordonnances de Charles X, et la voix désignée en réclama le déchaînement par l'abolition de la censure et la consécration de la liberté de la presse.

15. *Aussitôt on délia ces quatre anges qui étaient prêts, l'heure, le jour, le mois et l'année, pour aller tuer la troisième partie des hommes.* — Lesdits quatre esprits furent déchaînés pour s'élancer dans le monde, en 1830, au mois d'août, le jour et l'heure où l'on consacra les articles de la charte relatifs à la presse. Cette troisième partie des hommes, ce sont les rois ou les souverains, les deux autres étant les gouvernements et les peuples ; ou bien, cette troisième partie des hommes, ce sont les supérieurs en chef des différents ordres de la société, les deux autres étant les supérieurs subalternes et les inférieurs. Les quatre esprits furent déchaînés pour aller tuer la troisième partie des hommes, c'est-à-dire pour aller détruire l'autorité des souverains, ou tuer moralement les chefs de la société.

16. *Et le nombre de cette armée de cavalerie était de deux cents millions.* — Cette armée désigne la quantité infinie d'écrits polémiques et de numéros de journaux révolutionnaires de ce temps-là.

17. *Et c'est ainsi que je vis les chevaux dans la vision.* — Les chevaux, c'étaient ces journaux mêmes et les autres écrits de la presse polémique.

Et ceux qui étaient montés dessus avaient des cuirasses de feu, d'hyacinthe et de soufre. — Ceux qui étaient montés sur ces chevaux, c'étaient les écrivains. Ils avaient des cuirasses de feu, d'hyacinthe et de soufre, c'est-à-dire ils avaient pour armes défensives des paroles brûlantes comme le feu, des paroles fleuries comme l'hyacinthe, des paroles rebutantes et étouffantes comme le soufre.

Et les têtes des chevaux étaient comme des têtes de lions : c'est-à-dire les principes mis en avant par les journaux étaient hardis et forts comme des têtes de lions.

Et il sortait de leur bouche du feu, de la fumée et du soufre : Il sortait de la bouche des publicistes des paroles brûlant la conscience des hommes comme du feu, obscurcissant leur intelligence comme de la fumée, et les étouffant dans l'ordre des intérêts matériels comme du soufre.

18. *Et par ces trois plaies, par le feu, par la fumée et par le soufre qui sortaient de leur bouche, fut tuée la troisième partie des hommes.* — Par ces trois genres d'idées destructives, que les écrivains polémiques empruntaient à l'ordre moral, à l'ordre intellectuel et à l'ordre matériel, fut tuée l'autorité des rois et des chefs de la société.

19. *Car la puissance de ces chevaux est dans leur bouche :* La puissance des journaux est dans la parole.

La puissance de ces chevaux est dans leurs queues. — Les queues des chevaux, présentant une multitude de crins, désignent la multitude des exemplaires et des numéros de journaux. C'est dans cette multitude que se trouve leur puissance.

Leurs queues sont semblables à des serpents ; elles ont des têtes, et avec celles-ci elles nuisent : c'est-à-dire les journaux glissent sur la terre et s'insinuent parmi le peuple comme les serpents ; ils mettent en avant des principes (désignés sous le nom de têtes), et avec ces principes ils nuisent aux hommes.

20. *Et les autres hommes qui ne furent point tués par ces plaies, ne se repentirent point des œuvres de leurs mains, pour cesser d'adorer les démons et les idoles d'or, d'argent, d'airain, de pierre et de bois, et qui ne peuvent ni voir, ni entendre, ni marcher :* c'est-à-dire les peuples et les gouvernements, les infé-

rieurs et les supérieurs subalternes qui n'ont pas été tués par la presse, comme l'a été l'autorité des rois et des différents chefs dans l'ordre social, ne se corrigèrent pas de leurs vices; ils ne cessèrent pas d'adorer le dieu de l'argent, désigné par les idoles d'or, d'argent, d'airain; de se plaire aux critiques méchantes, aux paroles injurieuses, désignées par les idoles de pierre, et de rester attachés à leurs mauvais systèmes, à leurs systèmes vermoulus, bons à brûler, désignés par les idoles de bois, idoles qui ne peuvent ni voir, ni entendre, ni marcher, par opposition avec l'esprit qui voit, avec l'âme qui entend, avec le cœur qui marche, c'est-à-dire qui agit ou fait agir, facultés qu'on devrait cultiver et qu'on ne cultive pas.

21. *Et ils ne firent point pénitence ni de leurs meurtres, ni de leurs empoisonnements, ni de leurs impudicités, ni de leurs voleries :* Ils ne cessèrent de s'opprimer les uns les autres par leurs œuvres, de s'empoisonner par leurs écrits, de se souiller par leurs mœurs, et de se tromper mutuellement dans les relations sociales.

Tout cela veut dire, en peu de mots, qu'après la révolution les hommes ne devinrent pas meilleurs qu'ils n'avaient été auparavant, bien qu'on leur eût promis l'âge d'or comme fruit du meurtre moral des rois par la destruction de leur autorité.

C'est ainsi que l'Apocalypse a peint, caractérisé et jugé la révolution de 1830. Le tableau est fidèle, comme on voit; les portraits sont parfaitement ressemblants; les copies répondent aux originaux, et les originaux aux copies. On pourrait même soulever la question : De quel côté se trouvent les uns, et de quel côté les autres?

Maintenant, il y aurait à faire de nombreux commentaires sur tout ce chapitre en général, et sur chacun des versets en particulier, en les considérant sous les divers points de vue prophétique, historique, moral, politique, religieux et littéraire. Sous le point de vue prophétique, en effet, ou de la prescience divine, chaque verset, chaque mot, présente, en quelque sorte, un miracle ; sous le point de vue historique, un fait, un événement ; sous le point de vue moral, politique, religieux, un enseignement, une maxime, un précepte ; sous le point de vue littéraire, un symbole, une épigramme, une ironie, un sarcasme, etc. Il y aurait de l'intérêt à faire ressortir toutes ces choses en détail ; mais cette tâche est laissée à des commentateurs qui auront assez de volonté pour se l'imposer, et assez de talent ponr la remplir. Ici on ne fera de commentaires qu'au sujet de quelques-uns des versets qui semblent renfermer un sens plus profond que les autres, relativement au but de ce travail, qui est d'exposer les principes de la réconciliation sociale. Voici ces versets reproduits :

« Il leur fut dit de ne point faire de tort au foin de la terre, ni
« à rien de ce qui était vert, ni à aucun arbre, mais seulement
« aux hommes qui n'auraient pas la marque de Dieu sur leur
« front.

« Et par ces plaies, par le feu, par la fumée et par le soufre,
« qui sortaient de leur bouche, fut tuée la troisième partie des
« hommes.

« Et les autres hommes qui ne furent point tués par ces plaies.
« ne se repentirent point des œuvres de leurs mains, pour cesser
« d'adorer les démons, et les idoles d'or.... »

Ces versets offrent des modèles, et renferment les règles de l'art tout à la fois de bien penser, de bien dire, de bien agir et de bien gouverner, art qui constitue le fondement de toute la doctrine de la réconciliation sociale. Nous essaierons d'en faire ressortir toutes ces choses brièvement, en les présentant également d'après leur bon et d'après leur mauvais côté.

Ainsi qu'on l'a vu plus haut, chacun des versets précités, aussi bien que la prophétie en entier, toute surnaturelle qu'elle est, se prête à une interprétation toute naturelle, rationnelle, scientifique, historique.

L'herbe verte signifie ici les hommes intègres du mouvement, les hommes du progrès, les réformistes ; le foin de la terre signifie les hommes intègres de la résistance, les conservateurs ; les arbres signifient les chefs intègres des différents ordres de la société, hommes du mouvement et de la résistance à la fois. Il existe en effet une analogie parfaite entre la nature de ces symboles et le caractère de ces trois classes d'hommes.

Il y a donc là une vision, une prophétie extraordinaire, surnaturelle, interprétée d'une manière ordinaire, naturelle ; il y a prophétie et histoire, révélation et raison, foi et science.

De là rejaillit le plus haut principe de l'art de bien penser, exigeant qu'on réunisse la science et la foi, la raison et la révélation, le point de vue naturel et le point de vue surnaturel.

Réunies, ces deux choses sont un moyen sûr d'arriver à la connaissance de la vérité, à la perception de la conformité qui existe entre les modèles des êtres et des phénomènes, tracés dans le monde supérieur invisible, et les copies qui représentent ces êtres et ces phénomènes dans le monde inférieur, visible, comme un édifice construit par un entrepreneur représente le plan tracé par l'architecte, comme sur un théâtre les acteurs représentent une pièce composée par l'auteur.

Ces deux choses ne peuvent point être séparées, ni mises en contradiction, sans entraîner après elles de dangereuses conséquences.

Séparées, en contradiction, elles conduisent à deux extrêmes, à deux excès opposés, également mauvais et pernicieux.

La science contraire à la foi, la raison contraire à la révélation, c'est de l'illuminisme, c'est l'extinction de la foi !

La foi contraire à la science, la révélation contraire à la raison, c'est de l'obscurantisme, c'est l'extinction de la science !

Remarquez d'abord en général la différence qui existe entre la manière de s'exprimer du prosateur ou de l'historien, et celle de s'exprimer du poëte ou du prophète.

L'historien dit : Il s'ouvrit une cinquième époque ; cela est prosaïque. Le prophète dit : Un cinquième ange sonna de la trompette ; cela est poétique.

L'historien dit : Une idée éclatante passa de la théorie à la pratique, descendit des régions de l'intelligence dans la région des faits ; ce langage est tout ordinaire. Le prophète dit : Une étoile tomba du ciel sur la terre ; ce langage est magnifique. — Toute la prophétie est exprimée dans un style pareil ; qu'on examine chaque verset en particulier, ne fût-ce que pour en savourer les délices poétiques.

Dans les expressions ci-dessus : Herbe verte, foin de la terre, arbres, et celles-ci : Démons, idoles d'or, de pierre, de bois, vous voyez l'image, le symbole, la nature, l'élan de l'imagination. Dans les significations de ces expressions : Hommes intègres du mouvement, hommes intègres de la résistance, chefs intègres de la société, etc., vous voyez l'idée, la pensée, l'art, la théorie.

De là rejaillit le principe de l'art de bien s'exprimer, de bien écrire, exigeant qu'on réunisse l'image et l'idée, le symbole et la pensée, la nature et l'art, l'élan de l'imagination et les règles de la théorie.

Réunies, ces deux choses sont un moyen sûr d'exprimer le beau, de faire sentir à l'intelligence la vérité générale, universelle, ou l'idée, à l'occasion d'un objet particulier ou d'une image.

Ces deux choses ne peuvent point non plus être séparées.

Séparées, elles conduisent également à deux excès opposés.

L'image sans l'idée, le symbole sans la pensée, la nature sans l'art, l'élan de l'imagination sans les règles de la théorie, c'est du romantisme, c'est le dévergondage de l'imagination !

L'idée sans l'image, la pensée sans le symbole, l'art sans la nature, les règles de la théorie sans l'imagination, c'est du classicisme, c'est l'asservissement du génie !

ART DE BIEN AGIR, DE BIEN GOUVERNER.

Il est dit que les sauterelles, symbole des journaux, ne devaient pas faire de tort à ce qui était vert, ni au foin de la terre, ni aux arbres, c'est-à-dire aux trois classes d'hommes désignées par ces symboles ; mais seulement aux hommes qui ne portaient pas la marque de Dieu au front, ou à ceux qui n'appartenaient à aucune de ces trois classes.

Il est dit encore que la troisième partie des hommes a été tuée par le feu, la fumée et le soufre.

De là rejaillit le principe de l'art de bien agir et de bien gouverner.

Cet art consiste, en premier lieu, à ménager les bons, et à poursuivre les méchants, à les tuer, c'est-à-dire à les faire mourir moralement, socialement, en les mettant hors d'état de nuire aux autres, et en leur rendant selon leurs œuvres.

Il consiste, en second lieu, à réunir le mouvement et la résistance, la liberté et l'ordre, la liberté chez les individus et l'ordre dans la société.

Réunies, ces deux choses sont un moyen sûr de faire ce qui est bon, ce qui est bien, le bien consistant en ce que chacun agisse librement dans sa sphère, et en ce que tous agissent avec ordre, en rangs hiérarchiques, dans la société, — en ce que l'un se meuve et que l'autre fasse mouvoir ou résiste, — en ce que chaque membre du corps agisse selon l'activité qui lui est propre, et que le corps meuve tous les membres, l'un par l'autre, les doigts par la main, la main par le bras, le bras par le corps, — les doigts se mouvant, la main résistant, — la main se mouvant, le bras résistant, — le bras se mouvant, le corps résistant, etc.

Séparées, ces deux choses conduisent encore à deux excès opposés.

La liberté sans l'ordre, le mouvement sans la résistance, c'est du libéralisme, c'est de la rébellion contre le pouvoir !

L'ordre sans la liberté, la résistance sans le mouvement, c'est de l'absolutisme, c'est l'oppression des sujets !

En résumé :

La science et la foi, c'est la connaissance du vrai par la pensée ;

L'image et l'idée, c'est l'expression du beau par la parole ;

La liberté et l'ordre, c'est la réalisation de ce qui est bon par l'action.

Vrai, beau, bon, voilà tout le bien de la société humaine.

Le bien est fait par les bons.

Les bons sont ceux qui portent la marque de Dieu au front, qui professent des opinions justes et raisonnables, les hommes intègres du mouvement, les hommes intègres de la résistance, et les hommes intègres animés à la fois de l'esprit de mouvement et de l'esprit de résistance.

L'illuminisme, le romantisme et le libéralisme, et leurs effets, l'extinction de la foi, le dévergondage de l'imagination et la rébellion contre le pouvoir, — c'est de la licence !

L'obscurantisme, le classicisme et l'absolutisme, et leurs effets, l'extinction de la science, l'asservissement du génie, et l'oppression des sujets, — c'est de la violence !

Licence et violence, voilà tous les maux de la société humaine.

Ces maux sont produits par les méchants.

Les méchants sont ceux qui ne portent pas la marque de Dieu au front, qui ne professent pas des opinions raisonnables et justes, qui ne sont ni des hommes intègres du mouvement, ni des hommes intègres de la résistance, ni des chefs intègres de la société, animés également de l'esprit de mouvement et de l'esprit de résistance.

Cette troisième classe d'hommes, ou les chefs non intègres de la société, a été tuée, dit le prophète.

Mais les deux autres classes, qui sont les inférieurs et les supérieurs subalternes des différents ordres de la société, et qui n'ont pas été tuées, ne sont pas devenues meilleures qu'elles n'avaient été auparavant.

C'est que, toutes vivantes encore, elles sont armées l'une contre l'autre, se livrant continuellement, ou prêtes à se livrer bataille à chaque instant, — les inférieurs contre les supérieurs, et les supérieurs contre les inférieurs, désignés plus spécialement, dans les différents ordres de la société, sous les noms de : Ouvriers et maîtres, pauvres et riches, ignorants et savants, faibles et forts, citoyens et fonctionnaires publics, peuples et gouvernements, laïques et clergé, protestants et catholiques, philosophes et chrétiens, chrétiens et juifs.

Nous allons faire connaître en peu de mots le caractère de ces différentes classes de la société, le genre de combat qu'elles se livrent entre elles, le moyen de les ramener à la réconciliation et à la paix, si elles veulent y être ramenées, et les destinées particulières qui leur sont réservées dans l'avenir par la justice divine et humaine, si elles ne le veulent pas.

INFÉRIEURS CONTRE SUPÉRIEURS : SUPÉRIEURS CONTRE INFÉRIEURS.

Inférieurs : —Aptitude, vocation, mission pour les détails, les spécialités ;

Supérieurs :—Aptitude, vocation, mission pour l'ensemble, le tout, en ce qui concerne les affaires industrielles, commerciales, financières, — les idées, les opinions, les principes, les systèmes, les théories, — les emplois, les places, les dignités.

Inférieurs : — Tendance à améliorer, à progresser, à affranchir ;

Supérieurs : — Tendance à conserver, à consolider, à contenir.

Inférieurs, cherchant à empêcher la conservation de ce qui est bon : supérieurs, cherchant à empêcher l'amélioration de ce qui est défectueux ; inférieurs, voulant progresser avec précipitation, au delà du but : supérieurs, voulant s'arrêter avec obstination, en deçà du but ; inférieurs, voulant faire de la liberté avec la   supérieurs, voulant faire de l'ordre avec la violence ;

inférieurs et supérieurs, voulant faire le bien par l'excès du mal,
— destinés à se venger de leurs excès, de leurs crimes réciproques, à se faire justice, à s'entre-déchirer, à s'exterminer les uns les autres !

OUVRIERS CONTRE MAITRES : MAITRES CONTRE OUVRIERS.

Ouvriers : —Artisans, apprentis, compagnons, — travailleurs en sous-ordre, adonnés à quelque industrie subalterne, à quelque spécialité ;
Maîtres : —Hommes d'affaires, entrepreneurs, chefs d'ateliers, d'industrie, ayant des relations étendues, générales.

Ouvriers, cherchant du travail auprès des maîtres, cherchant à entretenir leurs personnes, leurs familles, à s'assurer un avenir ;
Maîtres, cherchant à faire des affaires, à exécuter des entreprises par le moyen des ouvriers, à étendre leurs relations, à acquérir de la fortune.

Ouvriers et maîtres, ayant besoin les uns des autres, devant s'intéresser les uns aux profits, à l'avancement des autres.
Ouvriers, négligeant les intérêts des maîtres : maîtres sans souci pour les intérêts des ouvriers ; ouvriers, cherchant à ruiner les maîtres : maîtres, cherchant à exploiter les ouvriers ; ouvriers contre maîtres, destinés à chercher du travail ailleurs que chez les maîtres : maîtres contre ouvriers, destinés à exécuter des entreprises avec d'autres que des ouvriers, — destinés, les uns et les autres, à se voir privés de travail, d'affaires et de fortune !

PAUVRES CONTRE RICHES : RICHES CONTRE PAUVRES.

Pauvres : —Gens sans travail, infirmes, abandonnés, enfants, vieillards ;
Riches : — Gens jouissant d'une fortune, de revenus considérables, ayant du superflu, vivant dans l'abondance, dans le luxe.

Pauvres, ayant à recevoir l'entretien pour la vie présente de la bienfaisance des riches ;

Riches, ayant à gagner la vie future par leur bienfaisance envers les pauvres.

Pauvres, ingrats envers les riches, cherchant à ravir aux riches leur bonheur présent, destinés à être privés du bonheur futur : riches, sans pitié pour les pauvres, se moquant bien de gagner par la bienfaisance envers les pauvres le bonheur futur, destinés à être privés du bonheur présent ; pauvres contre riches, riches contre pauvres,—destinés, les uns et les autres, à être poursuivis par la misère, le déshonneur, l'opprobre !

IGNORANTS CONTRE SAVANTS : SAVANTS CONTRE IGNORANTS.

Ignorants : — Hommes du peuple, gens sans culture, à demi-culture, lecteurs ;

Savants : — Gens instruits, écrivains, philosophes, poëtes, orateurs, historiens, critiques.

Lecteurs, cherchant à s'éclairer, à rectifier leurs idées, à compléter leurs connaissances, à prévoir l'avenir bon et mauvais, à arriver à l'un, à éviter l'autre ;

Écrivains, cherchant à exposer, à expliquer le passé, à peindre le présent, à pénétrer dans l'avenir, à discerner la vérité de l'erreur, à faire prévaloir l'une, à combattre l'autre.

Ignorants, négligeant de s'instruire, cherchant des livres qui flattent leurs passions, abusant des principes, les interprétant au gré de leurs mauvais désirs, tranchants, dogmatiques, railleurs, blasphémant ce qu'ils ignorent, prétentieux, cherchant à s'élever au-dessus de leur capacité : savants, écrivains, abusant de la science, instruisant mal les lecteurs, dénaturant les faits, falsifiant les opinions, exagérant, diminuant, dissimulant la vérité ; discutant avec mauvaise foi, alléguant des raisons sophistiques, faisant de la polémique passionnée, déclamatoire, injuste, disant des mensonges agréables à quelques-uns, cachant des vérités utiles à tous, propageant des opinions exclusives, inspirant des sentiments haineux, provoquant à des attaques, exploitant les passions populaires, les préjugés, l'esprit de parti, flattant leurs partisans, calomniant leurs adversaires, trompant quotidiennement des millions de lecteurs, faisant de l'intelligence et de la parole un instrument de la cupidité, un masque du mensonge et de l'hypocrisie, une arme de la perversité ; ignorants et savants, lecteurs et écrivains, sans bonne foi, sans désir sincère de découvrir la vérité tout entière et sous toutes ses faces, cherchant à se confirmer dans leurs idées préconçues, dans leurs illusions, dans leurs systèmes étroits, absolus, exclusifs, — destinés, les uns et les autres, à se fourvoyer dans les ténèbres, à respirer la fumée, à étouffer dans le soufre, dans l'infection de l'erreur, à être rongés par le ver, et dévorés par le feu de la conscience !

FAIBLES CONTRE FORTS : FORTS CONTRE FAIBLES.

Faibles : — Inférieurs à d'autres par leurs forces physiques, leur intelligence, leur caractère ; — inférieurs en fortune, en connaissances, en dignités ;

Forts : — Supérieurs à d'autres par leurs forces physiques, intellectuelles, morales ; — supérieurs par leurs richesses, leurs talents, leur rang, leur autorité, leur ascendant.

Faibles, cherchant à s'attacher aux forts pour s'élever à leur niveau ;

Forts, cherchant à élever les faibles à leur niveau, à s'appuyer sur les faibles pour s'élever davantage.

Faibles, jaloux, envieux, haineux, insolents, détracteurs, outrageants, perturbateurs, instigateurs, destructeurs, à l'encontre des forts : forts, hautains, dédaigneux, dominateurs, intolérants, intimidateurs, compressistes, exacteurs, impitoyables, cruels, à l'encontre des faibles ; faibles, cherchant à abattre les forts : forts, cherchant à écraser les faibles, — destinés, les

uns et les autres, à être réduits à l'impuissance, à la servitude, à
l'esclavage !

ENFANTS CONTRE PARENTS : PARENTS CONTRE ENFANTS.

Enfants : — Garçons, adolescents, jeunes gens ;
Parents : — Maîtres, précepteurs, professeurs.

Enfants, jeunesse, — faibles, impressionnables, passionnés,
sans expérience, sans connaissances, sans prévoyance, sans raison, sans vertu, propres à tout bien, portés à tout mal, ayant besoin de direction et de redressement, de stimulants et de freins,
d'encouragements et de châtiments, d'exemples, de leçons,
d'exercices, de fixité, de règle, de discipline ;
Parents, maîtres, — expérimentés, réfléchis, prudents, calmes,
modérés, doux, fermes, doués de pitié, d'amour, de charité, de
zèle.

Enfants, jeunes gens, obstinément insoumis, suffisants, petits-
maîtres : parents, maîtres, imposant sciemment aux enfants des
travaux au-dessus de leurs forces, leur donnant une instruction
au-dessus de leur portée, leur commandant des choses déraison-
nables, absurdes, faussant leur esprit, gâtant leur goût, corrom-
pant leur cœur, les scandalisant par de mauvais exemples, —
destinés, les uns et les autres, à n'avoir ni tranquillité, ni paix,
ni consolation, ni bonheur dans leurs foyers domestiques !

CITOYENS CONTRE FONCTIONNAIRES PUBLICS : FONCTIONNAIRES PUBLICS CONTRE CITOYENS.

Citoyens : — Industriels, commerçants, financiers ;
Fonctionnaires publics : — Administrateurs subalternes, supérieurs, employés dans les affaires publiques, dans l'enseignement, dans l'ordre judiciaire.

Citoyens : — Gestion des intérêts particuliers, — tendance à
s'élever en rangs, en dignités, à arriver à des fonctions adminis-
tratives ;

Fonctionnaires publics : — Gestion des intérêts généraux, — emploi des citoyens selon leur capacité, leur zèle, leur mérite.

Citoyens, empêchant la gestion des intérêts généraux : fonctionnaires publics, empêchant la réalisation des intérêts particuliers ; citoyens, cherchant à débusquer, à supplanter les fonctionnaires publics : fonctionnaires publics cherchant à écarter les citoyens ; citoyens et fonctionnaires publics se contrariant, se vexant les uns les autres, — destinés, les uns et les autres, à être exclus de la gestion de tout intérêt, de toute fonction !

PEUPLES CONTRE GOUVERNEMENTS : GOUVERNEMENTS CONTRE PEUPLES.

Peuples : — Gouvernés, partis politiques, pays réel ;
Gouvernements : — Gouvernants, corps de l'état, pays officiel, légal.

Peuples, demandant aux gouvernements la reconnaissance de leurs droits, des lois pour la gestion intègre des intérêts généraux, une constitution établissant les pouvoirs appelés à défaire, faire, refaire les lois, des définitions, des délimitations des pouvoirs gouvernementaux, des garanties contre la dilapidation de la fortune publique, contre la non-exécution des lois, contre l'abus de l'autorité ;
Gouvernements, demandant aux peuples leur concours pour la réalisation des intérêts généraux, l'obéissance aux lois, le respect de l'autorité, la manifestation de leur patriotisme.

Peuples, se livrant à leurs passions désordonnées, refusant de supporter les charges communes de la société, impatients du joug des lois, de la subordination, de la hiérarchie, méprisant, calomniant, outrageant l'autorité, adversaires systématiques des gouvernements, voulant courir sur des pentes sans être contenus, cherchant à détruire sans édifier, à innover sans améliorer, à améliorer sans plans, sans moyens : gouvernements, fuyant la lumière, voulant agir dans l'ombre, dans les ténèbres, étouffant dans les affaires publiques la publicité, la discussion, la polémique, craignant les contrôles à subir, les comptes à rendre, refusant des garanties contre les abus, maintenant en vigueur des lois abusives, iniques, pernicieuses, contradictoires, repoussant, ajournant des réformes reconnues utiles, nécessaires, comprimant l'élan des peuples vers un avenir meilleur, les forçant à réaliser les améliorations praticables par des révolutions, se confiant dans la puissance de la force pour repousser la puissance du droit ; peuples et gouvernéments refusant de s'entendre, de se rapprocher, de se faire des concessions mutuelles ; peuples, cherchant à renverser les gouvernements : gouvernements, foulant les peuples, — destinés, les uns et les autres, à périr par le désordre, l'anarchie, la guerre civile, l'épée, le pillage, l'incendie !

LAÏQUES CONTRE CLERGÉ : CLERGÉ CONTRE LAÏQUES.

Laïques, clergé : — Vie, action dans l'ordre spirituel, moral, chrétien ; — organisation, société ecclésiastique, élevée au-dessus de la société civile et politique, comme la société civile et politique est élevée au-dessus de la société domestique, comme la société domestique est élevée au-dessus des individus ; — embrassant, ou destinée à embrasser, à grouper le genre humain, toutes les nations du genre humain, comme la société politique embrasse une nation, toutes les familles d'une nation, comme la société domestique embrasse une famille, tous les individus d'une famille.

Laïques : — Pauvres, riches ; — ignorants, savants ;
Clergé : — Rapports entre les laïques.

Laïques pauvres, ignorants, recevant secours et lumières d'un clergé charitable et éclairé ;
Laïques riches, savants, fournissant au clergé les moyens de secourir et d'instruire les pauvres et les ignorants.

Laïques, sans reconnaissance, sans respect pour le clergé :

clergé, sans charité pour soulager la misère des laïques, sans lumières pour les instruire ; laïques et clergé, s'isolant, se séparant les uns des autres, — destinés, les uns et les autres, à être séparés de la société ecclésiastique, du troupeau unique, du pasteur unique !

PROTESTANTS CONTRE CATHOLIQUES : CATHOLIQUES CONTRE PROTESTANTS.

Protestants : — Droits de l'individualité, de la liberté, du libre examen, de la raison, de la conscience ;

Catholiques : — Droits de la société, de la hiérarchie, de la foi, de l'autorité.

Protestants : — Droits pour l'individu d'examiner, d'après sa raison et sa conscience, la doctrine et les préceptes qu'on veut lui imposer ; — liberté de refuser sa croyance à une doctrine qu'il ne trouve pas conforme à sa raison ; — liberté de ne pas se conformer à un précepte qui lui prescrit ou lui défend des choses que sa raison et sa conscience ne lui prescrivent ou ne lui défendent pas.

Catholiques : —Hiérarchie, unité ecclésiastique :

Terre : — Pape.

Parties de la terre, Europe, Asie, Afrique, Amérique : — Patriarches ; cardinaux.

Pays : — Primats.

Provinces : — Archidiacres ; archevêques.

Diocèses : — Évêques.

Paroisses : — Diacres ; prêtres.

Diacres, archidiacres, patriarches : — Charité chrétienne, dispensation de secours pécuniaires.

Prêtres, archevêques, cardinaux : — Doctrine chrétienne, propagation, distribution de livres.

Évêques, primats, pape : — Charité chrétienne et doctrine chrétienne réunies.

Pour mieux saisir et comprendre cette hiérarchie dans son ensemble, qu'on s'arrête un instant à considérer le tableau suivant.

ORGANISATION

DE LA

HIÉRARCHIE ECCLÉSIASTIQUE.

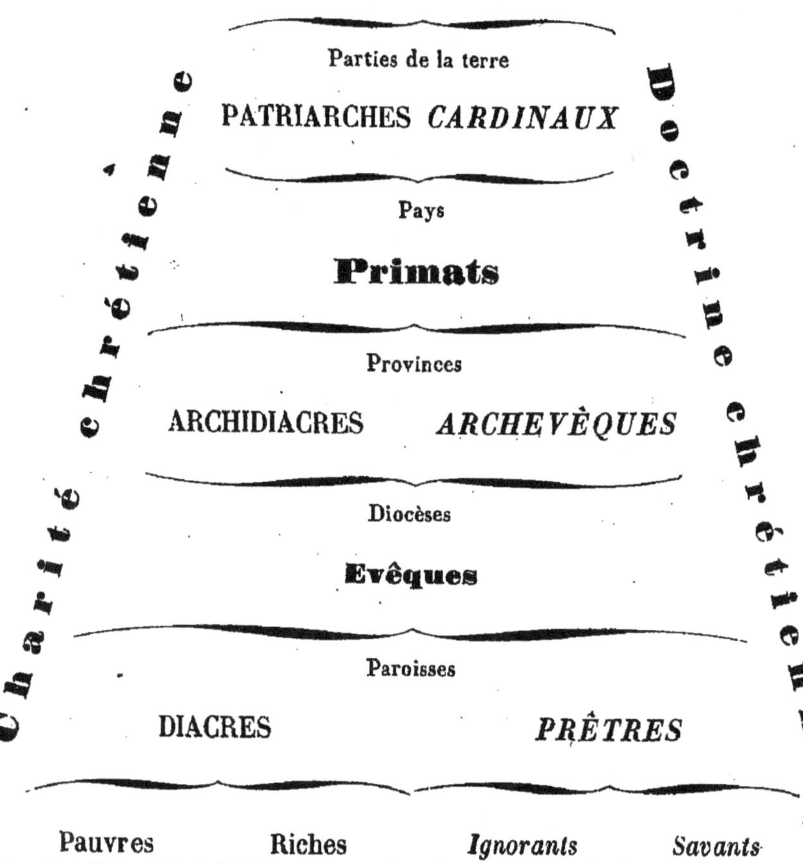

Protestants, dissolvant la hiérarchie, l'unité, la société : catholiques, tuant la liberté, la raison, la conscience, l'individualité ; se méprisant, se haïssant, s'excluant les uns les autres, — destinés, les uns et les autres, à être exclus eux-mêmes du christianisme, à être retranchés du corps de Jésus-Christ !

PHILOSOPHES CONTRE CHRÉTIENS : CHRÉTIENS CONTRE PHILOSOPHES.

Philosophie : — Nature, raison ;
Christianisme : — Grâce, foi.

Nature : — Corps, âme, esprit (*spiritus*); — Facultés naturelles, — animales, rationnelles, spirituelles.

Facultés animales : — Perception, sensation, passion ;
Facultés rationnelles : — Conception, jugement, raison ;
Facultés spirituelles : — Entendement, sentiment, volonté.

Perception, conception, entendement : — Facultés appréhensives, cognitives, — esprit (*mens*) ;
Sensation, jugement, sentiment : — Facultés sensitives, judicatives, — âme ;
Passion, raison, volonté : — Facultés appétitives, actives, opératives, — cœur.

Tout cela se comprend mieux par la considération du tableau suivant :

TABLEAU

DE LA

NATURE HUMAINE

ET DE

SES FACULTÉS.

Nature et Facultés

	ANIMALES	RATION-NELLES	SPIRITUEL-LES	
ESPRIT	Perception	Conception	Entende-ment	LUMIÈRE
AME	Sensation	Jugement	Sentiment	ONCTION
COEUR	Passion	Raison	Volonté	MOUVEMENT

INSTINCT   GÉNIE   CONSCIENCE

Facultés collectives (left bracket)   **Mobiles de la Grâce** (right bracket)

Mobiles de la Nature

Instinct : — 1° Effet des modifications produites dans toutes les facultés, mais principalement dans les facultés animales ; 2° moteur de ces facultés ;

Génie : 1° Effet des modifications produites dans toutes les facultés, mais principalement dans les facultés rationnelles ; 2° moteur de ces facultés ;

Conscience : 1° Effet des modifications produites dans toutes les facultés, mais principalement dans les facultés spirituelles; 2° moteur de ces facultés.

Instinct, génie (ou sentiment), conscience : — Inspiration ;

Projet, discussion, résolution : — Réflexion.

Nature : — Attraction spontanée du haut vers le bas, de l'esprit vers la matière, du tout vers la partie ; — tendanceà subordonner les facultés spirituelles aux facultés animales ;

Grâce : — Attraction spontanée du bas vers le haut, de la matière vers l'esprit, de la partie vers le tout ; — tendance à subordonner les facultés animales aux facultés spirituelles.

Raison : — Tendance réfléchie de bas en haut, de la matière vers l'esprit, de la partie vers le tout ; — tendance à soumettre les facultés inférieures aux facultés supérieures.

Foi : — Tendance réfléchie de haut en bas, de l'esprit vers la matière, du tout vers la partie ; — tendance à exercer une influence bienfaisante par les facultés supérieures sur les facultés inférieures.

Nature et raison : — Science, sentiment, amour naturels ;

Grâce et foi : — Croyance, espérance, charité surnaturelles.

Science et croyance : — Connaissance du vrai ;

Sentiment et espérance : — Goût du beau ;

Amour et charité : — Recherche du bon ;

Vrai, beau, bon : — Bien.

Bien : — Effet de l'action harmonique des facultés, de l'accord entre la nature et la grâce, entre la raison et la foi, entre la philosophie et le christianisme ; — effet de leur mariage, de leur union, de leur influence mutuelle ; — effet de la philosophie chrétienne et du christianisme philosophique.

Philosophie : — Matérialisme, développement des forces physiques (siècles antédiluviens) ; rationalisme, développement des forces intellectuelles (siècles païens) ; spiritualisme , développement des forces morales (siècles chrétiens) ;

Christianisme : — Sensualisme, satisfaction des besoins physiques (industrialisme, positivisme, réalisme, saint-simonisme, etc., des temps modernes) ; idéalisme, satisfaction des besoins intellectuels (scolastique du moyen âge) ; mysticisme, satisfaction des besoins moraux (moines des premiers siècles chrétiens).

Philosophie : — Société d'un caractère naturel, 1° familles (siècles antédiluviens) ; 2° états (siècles païens) ; 3° églises diverses (siècles chrétiens) ;

Christianisme : — Société d'un caractère surnaturel, 1° familles patriarcales ; 2° peuple élu des Juifs ; 3° Eglise chrétienne.

Philosophie : — Progression analytique, recherche de l'intérêt 1° de chacun, 2° de tous ;

Christianisme : — Progression synthétique, recherche de l'intérêt 1° de tous, 2° de chacun.

Philosophie : — 1° Action de l'individu sur la communauté, impulsion ; 2° réaction de la communauté sur l'individu , répulsion ;

Christianisme : — Action 1° de la communauté sur l'individu, tradition ; 2° de l'individu sur la communauté, réflexion.

Philosophie et christianisme réunis : — Action sociale, montant et descendant continuellement de bas en haut et de haut en bas, de la terre vers le ciel et du ciel vers la terre, des créatures vers le créateur et du créateur vers les créatures, — sur l'échelle des êtres, sur l'échelle des facultés, sur l'échelle de la hiérarchie sociale, sur l'échelle de Jacob, sur les degrés du dogme, du culte et de la morale philosophiques et chrétiens.

Dogme philosophique et chrétien :

1° Il existe un Dieu, puissant, sage et bon, au haut de l'échelle ;

2° Il existe un milieu, un intermédiaire entre Dieu et les hommes, touchant à l'extrémité supérieure et à l'extrémité inférieure de l'échelle, et remplissant l'entre-deux, dont les noms sont... ;

3° Par ce milieu les hommes sont sortis de Dieu et doivent retourner à Dieu.

Culte philosophique et chrétien :

1° Honorer Dieu, chacun comme il l'entend, dans la sincérité de son esprit et de son cœur, suivant qu'il est plus ou moins élevé sur l'échelle ;

2° Honorer Dieu, tous ensemble, dans l'union des sentiments, par la tolérance mutuelle, ne se heurtant pas les uns les autres, soit en montant, soit en descendant sur l'échelle.

Morale philosophique et chrétienne :

Pratiquer la charité les uns envers les autres.

Charité fraternelle : — Dernière loi morale de la philosophie, première loi du christianisme.

Philosophie : — Introduction au christianisme ;

Christianisme : — Suite, continuation de la philosophie ;

Complément, achèvement des deux : — Union de la philosophie et du christianisme.

Union de la philosophie et du christianisme : — Œuvre de l'esprit de Dieu, représentée en symboles par la conception opérée par le Saint-Esprit, par la communication du Saint-Esprit sous la forme d'une colombe, par la diffusion du Saint-Esprit en langues de feu ; — œuvre seule propre à renouveler la face de la terre, à régénérer l'humanité, à conquérir l'univers.

Philosophie se séparant du christianisme : christianisme se séparant de la philosophie ; philosophes sans foi, orgueilleux qui auraient honte de paraître croyants, prétendus esprits forts, forts contre le Tout-Puissant, mettant de la gloire à repousser la révélation, la foi et la grâce qui leur sont offertes de la part de Dieu : chrétiens sans raison, arrogants esprits de ténèbres, qui veulent imposer des doctrines et en interdire l'examen, prétendus fidèles élus, monopoleurs du ciel, apôtres de l'intolérance, qui osent dédaigner, calomnier, réprouver la raison et la nature créées par Dieu ; philosophes, ennemis des chrétiens : chrétiens, ennemis des philosophes, — destinés, les uns et les autres, à être traités en ennemis de Dieu !

CHRÉTIENS CONTRE JUIFS : JUIFS CONTRE CHRÉTIENS.

Chrétiens : — Croyant dans l'avénement passé du Messie ;
Juifs : — Croyant dans son avénement futur.

Chrétiens, éclairés par la croyance, relativement au passé, à l'avénement du Messie dans un état d'humiliation, d'humiliation naturelle, visible ;
Juifs, éclairés par la croyance, relativement à l'avenir, à l'avénement du Messie dans son état de glorification, de glorification terrestre, visible dans ses effets sur l'humanité, consistant en ce que le Messie étendra sa domination et celle des siens dans tout l'univers, au moyen de la hiérarchie sociale, de l'établissement de la cité sainte, de la nouvelle Jérusalem.

Chrétiens, aveuglés par l'incroyance, relativement à l'avenir, en ce qu'ils s'imaginent que les paroles des prophètes sur le règne glorieux du Messie ne seront réalisées que dans le ciel ;
Juifs, aveuglés par l'incroyance, relativement au passé, en ce qu'ils ne voient pas que les paroles des prophètes sur le règne humble du Messie se sont déjà réalisées sur la terre.

Chrétiens, rejetant d'une manière déraisonnable la doctrine des juifs sur le Messie dans sa gloire : juifs, rejetant d'une manière déraisonnable la doctrine des chrétiens sur le Messie dans l'humiliation ; chrétiens, dédaignant de se rapprocher des juifs : juifs, dédaignant de se rapprocher des chrétiens ; chrétiens et juifs, s'éloignant les uns des autres, s'éloignant de la vérité, du

Messie, — destinés, les uns et les autres, à être réprouvés par le Messie, soit humilié, soit glorifié!

Et cela, à l'improviste, dans un avenir peu éloigné, ainsi qu'on le verra par les prophéties de l'Écriture-Sainte qui seront publiées et interprétées ultérieurement.

Telle est en somme la doctrine qu'on a voulu présenter ici sur la réconciliation sociale.

Afin de la mieux faire comprendre encore, on la présentera successivement sous différentes formes nouvelles, dans un certain nombre de brochures déjà composées, qui seront publiées dans la suite.

Une de ces brochures a pour titre : ORGANISATION DE LA NATIONALITÉ FRANÇAISE, ANIMÉE PAR UN ESPRIT DE CONCILIATION ; ouvrage où l'on indique le moyen de distinguer entre eux et de mettre en harmonie les pouvoirs administratifs, gouvernementaux, royaux ; d'établir l'union entre les divers partis politiques, entre la presse et le gouvernement, et entre les divers membres qui composent le corps de la nation.

Une autre contient, en premier lieu, deux traités, l'un sur la réforme électorale, l'autre sur la guerre et la paix, questions qui s'y trouvent résolues dans un esprit de conciliation, d'une manière acceptable à la fois par le peuple et par le gouvernement, par les réformateurs et par les conservateurs ; elle contient, en second lieu, un recueil de prophéties, relatives à ces mêmes questions, et à une suite non interrompue d'événements contemporains, passés, présents et futurs.

Lecteurs, qui avez de la raison et de la foi,

Lisez, réfléchissez, croyez.

J.-B. WILHELM.

Paris, 25 mars 1841.

Paris. — Imprimerie de SCHNEIDER et LANGRAND, rue d'Erfurth, 1.

www.ingramcontent.com/pod-product-compliance
Lightning Source LLC
Chambersburg PA
CBHW070828160726
PP18578800001B/71